AF208215

MOMENTOS DE MOTIVACIÓN PARA LÍDERES

Stan Toler

EDITORIAL

PATMOS

Stan Toler

MOMENTOS DE MOTIVACIÓN

Para LÍDERES

Breves reflexiones
de inspiración

Momentos de motivación para líderes
© 2009 por Stan Toler

Publicado por Editorial Patmos
Miami, FL EE.UU.

Publicado originalmente en inglés con el título Minute Motivators for Leaders, por Cook Communications Ministries, 4050 Lee Vance View, Colorado Springs, Colorado 80918 U.S.A.

© 2002 por Stan Toler

Todos los derechos reservados. Ninguna parte de esta publicación puede ser reproducida, archivada en un sistema de recuperación o trasmitida en cualquier forma por cualquier medio, electrónico, mecánico, fotocopiado, grabado o de cualquier otra forma, sin el permiso previo del editor, excepto como se prevé en la ley de derechos de autor en los Estados Unidos de Norteamérica.

Traducido al español por Kerstin Anderas Lundquist
Adaptación de diseño gráfico por Suzane Barboza

Categoría: Liderazgo, Motivación

Impreso en Brasil

ISBN 10: 1-58802-424-5
ISBN 13: 978-1-58802-424-4

Introducción

Los líderes no tienen todas las respuestas, aunque la gente piense que así es.

El liderazgo no significa mostrar a los demás cuán energético, entusiasta, y emprendedor usted es; más bien, significa obtener suficiente conocimiento y sabiduría para mover a las personas y los planes de la oscuridad a la excelencia. El líder siempre está aprendiendo. Sabe que no ha logrado sus propósitos hasta haber mostrado a alguien más, por medio del ejemplo personal, cómo desempeñarse al máximo.

Momentos de motivación para líderes es un compañero para la jornada. Le ofrece comprobados y progresivos principios para guiarlo en medio de las incertidumbres de nuestro tiempo.

Stan Toler

El líder se asocia con grandes líderes.

"Cualquiera que influye
a otros es líder."

— Chuck Swindoll

ASOCIACIÓN

Si se nos conoce por la compañía que mantenemos, entonces la compañía que mantenemos tiene que inspirarnos y revitalizarnos a la grandeza. El liderazgo no se aprende sólo por leer minuciosamente palabras, oraciones, o párrafos en un libro. Lo llega a captar la mente y el espíritu de aquellos que lo buscan en la vida de los demás. El aspirante a líder reconoce la importancia de asociarse con aquellos que han elegido la excelencia. Los escuchan, los observan, los buscan. Sus palabras y acciones llenan su espíritu como gotas de agua en una esponja sedienta.

El aspirante a líder reconoce que el desempeño de los demás es la llave que abre la puerta a su propia excelencia. Se asocia con grandes hombres y mujeres no por admiración sino para aprender a producir su propio buen éxito. Cada líder debería ser mentor. Pero aún más importante, cada líder debería tener un mentor.

Llámelo buen éxito por asociación. La gente que busca excelencia personal encontrará la manera de asociarse con gente extraordinaria.

El líder hace bien las cosas.

"La reputación se hace en un momento. El carácter se construye durante toda la vida."

— James Leggett

CARÁCTER

Mucha gente sabe cumplir su trabajo. La industria, la ciencia, la educación… cada profesión tiene aquellos que siempre obtienen excelentes resultados. La competencia personal no es una cualidad rara estos días. Los periódicos y los mejores diarios profesionales hacen reportes del mejor desempeño de estos dedicados hombres y mujeres. Pero el carácter personal se está convirtiendo en algo más bien sutil. Como el bíblico Esaú, algunos profesionales han cambiado la herencia de su reputación por un "potaje" de dólares y centavos. Se han convertido en negociadores, cambiando el bienestar del lo eterno para la mezquindad de lo temporal.

"Si vale la pena hacerlo, vale la pena hacerlo bien", exige el adagio de liderazgo de antaño. A los líderes de carácter más les concierne hacer lo bueno que preocuparse en hacer algo bien. Los debidos métodos sin motivos puros son vacíos en lo mejor y malignos en lo peor. Al fin de cuentas, el gran líder no es la persona que simplemente puede cumplir el trabajo. Es la persona que sabe vincular los motivos con los métodos.

El liderazgo que marca una diferencia incluye la buena voluntad de hacer lo debido. El líder toma decisiones difíciles: de orden moral, espiritual, y ético. Toma las debidas decisiones.

El líder da sentido de valor a todos.

"Un gran hombre muestra su
grandeza por la forma en que trata
a los de menos importancia."

— Thomas Carlyle

AFIRMACIÓN

El líder comprende que cada miembro de su equipo tiene una necesidad innata de ser validado, reconocido, incluido. A los ojos del líder cada miembro del equipo es una estrella. Por consiguiente, se trata a cada uno en el equipo con el respeto que se le da a un voluntario, no importa cuál sea su escala de pago. Los líderes son los primeros en reconocer el desempeño de los demás. Ellos son esplendidos con apretones de mano y sonrisas, diligentes con el diálogo y el ánimo, y expertos en escribir notas. Ellos entienden que una "cucharada de azúcar" hace más tolerables los sinsabores y las tareas más mundanas de sus subordinados.

Los líderes también entienden la importancia de un nombre. Ellos comprenden que la atención personal empieza con un saludo personal. Para ellos, sus compañeros de trabajo no son entidades anónimas, valoradas sólo por su contribución. Son valiosos amigos. El verdadero liderazgo busca afirmar la valía individual de los colegas y asociados. Les hace saber que ellos verdaderamente son parte del equipo; que son más que empleados que cumplen su horario en un mundo inferior de cubículos alfombrados.

Los líderes eficientes han venido a darse cuenta de que una palmadita en la espalda tiene suficiente fuerza para impulsar al asociado hacia la excelencia.

El líder sabe qué hacer después.

"El liderazgo está calculado para tomar riesgos."

— Ted Ward

PREVISIÓN

Un *master* de ajedrez nunca piensa sólo en la próxima movida. Él piensa en la próximas tres, cuatro, o cinco movidas que hará. Los líderes hacen lo mismo. Su visión está puesta en el futuro. Y ese futuro es tan familiar para ellos como puede ser en la mente finita. Han soñado con ese lugar; han construido castillos y puesto allí sus esperanzas. En su mente ya ven una consumación en ese futuro.

A un líder no le entusiasma mucho un viaje corto, porque se ha embarcado en la larga trayectoria de la excelencia. Y sabe que ese viaje está constituido por pasos individuales, cada uno firmemente plantado en nuevo territorio.

En cierto sentido, un líder nunca llega a la meta. Cuando completa una fase del proyecto, de inmediato se mueven a la próxima. Cuando logra un objetivo, ya define el próximo. Ningún problema constituye el fin del camino. Jamás un logro está en la cumbre de la montaña. Hay siempre un próximo paso; aquel con que ha soñado en su corazón. El paso que planeó, por el que oró, y por el que proveyó, por tener una visión de largo alcance.

El líder desarrolla líderes.

"Se tiene que tener grandes atletas para ganar, no importa quién sea el entrenador. No se puede ganar sin buenos atletas, pero se puede perder con ellos. En este aspecto el entrenamiento marca la diferencia."

— Lou Holtz

MENTORÍA

Siempre se puede detectar un excelente líder. ¿Cómo? Tiene excelentes subordinados. Aquellos que lo siguen tendrán algunas de las mismas destrezas, algo de su determinación, y algo de su visión. El verdadero liderazgo es contagioso. La gente se contagia del entusiasmo, y germina en su espíritu.

Tan fácilmente también se puede detectar a líderes mediocres. Ellos probablemente tendrán subordinados aun menos eficientes. A los líderes mediocres los intimida el potencial de los demás. Son administradores conservativos, que no dan oportunidad al desarrollo del potencial de los demás. Como una pesada cubierta de lana, su propia inseguridad cubre el florecimiento de visionarios.

Un excelente líder no se siente amenazado por un gran potencial. En realidad, lo busca, lo recluta, y lo desarrolla. El talento de otros lo emociona, y lo lleva adelante hacia aun mayores logros. Este líder ha descubierto el secreto de la excelencia. Se ha dado cuenta de una gran posibilidad: que puede multiplicar su trabajo al desarrollar y capacitar a sus colegas para que ellos alcancen su máxima capacidad.

Un gran líder no será un líder de seguidores; será un líder de líderes.

El líder se relaciona con otros líderes.

"No uso solo el cerebro que tengo, sino también todo lo que puedo tomar prestado."

— Woodrow Wilson

COLABORACIÓN

El líder conoce la realidad: primero, la mayor productividad viene de un conjunto de gente eficiente; segundo, en una organización, un puñado de respetables líderes toman casi todas las decisiones; tercero, la conexión al logro es aprender a reconocer esos círculos de influencia y tratar de penetrarlos.

El proceso es importante. Los aspirantes a líder saben que tienen que identificar a los líderes en una organización. ¿Quién está dejando su impronta en la corporación? ¿Quién logra interesar a los demás con sus ideas? ¿En quién muestran más interés los asociados? Una vez que haya identificado el círculo de influencia, el aspirante a líder busca establecer una red de colaboración espiritual.

Trabajan con ese círculo de miembros, e invierte tiempo y esfuerzo en ayudarlos a alcanzar sus metas. Comparte información con ellos, conocimiento que con el tiempo será reciprocado. Pero más que nada, aprende de ellos. Imita lo mejor, y desecha lo peor a través de filtros de carácter y compromisos espirituales.

Colaboración: los grandes líderes han aprendido la verdad del antiguo dicho: "Lo que cuenta no es sólo lo que uno sabe, sino a quién conoce."

El líder es visionario.

"Cualquiera puede ir al timón de
un barco, pero se necesita un verdadero
líder para dirigir el rumbo."

— George Barna

VISIÓN

El líder no sólo tiene la mirada sobre el horizonte, sino puede ver también detrás de él. Su firme entendimiento del presente está basado en su constante esperanza puesta en el futuro. Puede tomar las cosas como son porque ha soñado con lo que podrán llegar a ser.

Un líder tiene visión. Una de las características del liderazgo es la habilidad de mirar más allá de lo inmediato a lo mejor, al mañana brillante. Por ejemplo, el líder ve un terreno vacío y se imagina un negocio creciente. Él ve la estructura de un edificio y visualiza un rascacielos. Se encuentra con una amistad casual y anticipa una futura sociedad.

Los líderes no están satisfechos con el status quo. Tienen un profundo deseo de avanzar. El tiempo y la inconveniencia son meros peones que deben avanzar hacia la última toma. Un líder imagina un futuro que es mejor que el presente, y busca la manera de que esa visión se cumpla.

Los líderes no están tan interesados en lo que está pasando ahora como en aquello que pasará próximamente.

El líder está dispuesto a arriesgarse.

"La vida sin riesgos no vale la pena vivirla."

— Bill Burch

RIESGO

"**S**i no quieres correr con los grandes, entonces quédate en la entrada." Quien inventó ese dicho comprendía este precepto del liderazgo: es riesgoso.

El sendero de la oportunidad tiene sus *baches que disminuyen la velocidad. Los planes fracasan; el presupuesto se evapora. Los mercados cambian; los aliados desaparecen. ¡Es toda una confusión! Pero los grandes líderes han aprendido a sobrevivir. Se sustentan como pueden; forman alianzas; prevén una estrategia. ¡Y de ningún modo se rinden!

El líder comprende el riesgo y está dispuesto a tomarlo. Sabe que la vida no viene con garantía de reembolso, que ningún esfuerzo garantiza el buen éxito. Sin embargo, están dispuestos a dirigir la producción. Están dispuestos a convencer a la gente de que es posible ganar la batalla a pesar del gran armamento del enemigo.

El líder está dispuesto a pagar el precio. Está preparado a canjear lo que tiene por lo que pueda ganar. Lo motiva más el prospecto del buen éxito que el miedo al fracaso. Es aventurero y no está dispuesto a quedarse en la entrada.

El líder tiene un estilo que inspira.

"La motivación es como la marea; alza a todos cuando viene."

— Bill Burch

MOTIVACIÓN

Hay tres maneras de motivar a la gente: culpabilidad, elogio, e inspiración. Casi todos alguna vez hemos sufrido bajo culpabilidad. Por experiencia sabemos que no es un estado de mente placentero. "Pero te necesitamos." Todos los demás están ayudando." "Es tu deber hacia nosotros." La cooperación por coerción no es verdadera cooperación. Puede provocar una acción deseada, pero ciertamente no provoca un resultado deseado.

Aun el elogio puede ser un motivador negativo. "Obtendrá buen reconocimiento por esto." "Todos dicen que lo haces muy bien." "Todo el mérito será para ti." Estos comentarios son placebos de premio y aplausos de una sola mano. El líder sabe cuán importante es vigorizar el esfuerzo del equipo con reconocimiento sincero, pero no entrega ramilletes de flores con rosas de plástico.

El gran líder inspira a sus seguidores. "¡Tengo un sueño!" "¡Piensen en lo que podemos lograr!" "¡Usted puede contribuir a algo grande!"

Sea por palabra o hecho, los mejores líderes son aquellos que puede inspirar a otros para que busquen algo más grandes que ellos mismos.

El líder es pronto a perdonar.

"Quien no perdona destruye el puente
sobre el cual tiene que atravesar."

— Tom Eliff

CARIDAD

La gente mediocre guarda rencor; la gente altruista perdona y olvida. La gente mediocre se amarga por los insultos; la gente altruista los deja ir. La gente mediocre alimenta sentimientos de venganza; la gente altruista avanza. Los líderes son gente altruista: tolerantes, comprensivos, perdonadores. El buen líder es caritativo.

Palos y piedras rompen huesos; pero el hecho es que los nombres dañan también. Los líderes tal vez no tengan que eludir los palos y las piedras que les tire la oposición, pero generalmente no pueden evadir sus insultos. La manera en que un líder reacciona significa la diferencia entre la grandeza o la mediocridad en el liderazgo. La reacción con revancha es contraproducente. Solo aumenta el conflicto y deja al defensor con una lucha interna, y con menos amigos. Reaccionar con caridad tiene influencia.

Los grandes líderes no se ponen armamento de guerra. En cambio, se mantienen centrados en sus metas. Un gran líder no se deja distraer por los insultos personales. Se ha abandonado a sí mismo en busca de un mejor bien: el enriquecimiento y bienestar de los demás.

Pregunte a cualquier líder por qué está dispuestos a perdonar y olvidar, y le dirá: "No tengo tiempo para amargarme; sólo tengo tiempo para superarme."

El líder es un buen comunicador.

"Para ser eficaz, el líder tiene que saber comunicar su visión eficientemente y también conseguir la cooperación de los demás."

— M. Z. Hackman y C. E. Johnson

COMUNICACIÓN

No tiene sentido tener una buena idea si uno no puede decirle a alguien de qué se trata. Como al hacer un obsequio, el líder aprende a tomar un pensamiento, envolverlo en palabras, y presentarlo a uno o más de sus colegas.

Este "obsequio de comunicación" es tanto delicado como deliberado. Primero, el pensamiento tiene que ser pertinente; debe tocar algún asunto que afecta al oyente. Segundo, tiene que estar bien envuelto. El líder aprende el lenguaje. Está tan cómodo con una coma con un signo de interrogación. Los sustantivos y los verbos van colocados en sus respectivos espacios; los adjetivos y los adverbios no avergüenzan a sus sujetos. Tercero, la presentación debe ser clara, concisa, correcta, y generosamente adornada con humor o ilustraciones conmovedoras.

Los buenos comunicadores no dejan duda acerca del significado de su mensaje. Saben que el proceso de comunicación no está completo hasta que la audiencia haya escuchado y entendido el mensaje.

Cuando un gran líder se comunica, todos alrededor saben qué está pasando. Lo saben porque el líder se ha cerciorado que cada uno entienda en comunicado.

El líder comprende a la gente.

"Una marca de verdadera grandeza
es la habilidad de desarrollar la
grandeza en otros."

— J. C. Mac Cauley

AGUDEZA

Los líderes negocian con gente. Su principal función no es de comprar, vender, analizar, ministrar, o ejercer un oficio; es comprender a personas y trabajar con ellas. Un buen líder sabe que el camino al éxito está alineado con gente: personas con distintas actitudes, habilidades, y perspicacia. Los más grandes principios o planes del mundo yacen inertes sin el esfuerzo cooperativo de gente a quien le importa su florecimiento.

Un líder hace preguntas acuciosas. ¿Por qué algunos son apreciativos, mientras que otros se quejan? ¿Por qué algunos actúan como sazonadores, mientras que otros saben sólo a sal? ¿Por qué algunos fácilmente se conmueven, mientras que a otros nada los mueve?

Un buen líder es observador. Estudia los motivos de las personas, hablan con ellas, y las escucha. Busca entender lo que las hace felices, tristes, enojadas, o molestas.

Un líder sabe que no está sólo contratando o designando a una persona. Está heredando un pasado, un problema, o una peculiaridad. De modo que con agudeza mira más allá de las sonrisas o los fruncidos, hasta llegar al corazón.

Un líder eficaz puede leer a la gente así como otros leen un periódico.

El líder es entusiasta del futuro.

"Los grandes líderes nunca están satisfechos con los actuales niveles de desempeño. Implacablemente son impulsados por las posibilidades y la potencia de logros."

— Donna Harrison.

EXPECTATIVA

"He estado en la cima de la montaña, y he visto el otro lado." Estas palabras del doctor Martin Luther King Jr. inició la pasión por el movimiento de derechos civiles en los Estados Unidos. Su actitud de expectativa impulsó a muchos a seguirlo, a toda costa.

¿Por qué su liderazgo impresionó tanto a sus seguidores? Primero, él tenía un punto de vista positivo del futuro. Creía que su sueño de igualdad y justicia para todos, un día se cumpliría.

Segundo, creía que el bien ganaría. Aun cuando ardía el fuego del odio y la opresión, creía que por fin el bien surgiría de las cenizas.

Tercero, creía que su mensaje sería aceptado. A pesar del inmediato rechazo, Martin Luther King Jr. Tenía la esperanza de que un día su misiva de paz y armonía fuera predicada, enseñada, y practicada. Simplemente tenía la expectativa de que eso sucedería.

La misión del líder es mostrar a la gente el futuro. Los líderes visionarios han estado en la cima de la montaña. Han visto el otro lado, y no ven la hora de llevar a otros allá..

El líder acentúa lo positivo.

"El entusiasmo es contagioso.
Es difícil permanecer neutral o
indiferente en la presencia de un
pensador positivo."

— Melvin Maxwell

OPTIMISMO

El líder siempre ve el día como soleado, nunca parcialmente nublado. ¿Por qué? Porque el líder conoce que el optimismo es altamente contagioso. Aun en pequeñas dosis, una actitud positiva se expande rápidamente e influye a muchos. Los pesimistas podrán reunir a sus seguidores, pero permanecerán cerca de casa. Son temerosos de nuevos caminos y horizontes lejanos. Se alimentan de su negativa energía, y pronto se debilitan y se cansan.

Por otro lado, el líder optimista florece en el jardín del pesimista. Sabe que vienen mejores días. El optimista emite un flujo de energía positiva que se infunde en los debilitados hasta que se fortalezcan.

El equipo sigue las directivas del líder. De modo que si el líder es negativo, el equipo también será negativo. Pero si el líder se centra en el bien, el equipo compartirá el mismo punto de vista positivo.

Siempre habrá críticos que señalen algún error. La misión del líder es señalar lo correcto..

El líder es aprendiz.

"Si dejas de aprender hoy, dejarás de dirigir mañana."

— Howard Hendricks

APRENDIZAJE

La educación de un líder no termina con la ceremonia de graduación. Perdura durante toda su vida. Los buenos líderes siempre buscan la forma de llenar los vacíos en su entendimiento. Constantemente están aprendiendo en dos esferas: conocimiento y destreza.

Un buen líder tiene una insaciable sed de conocimiento. Se dedica a la lectura y hace preguntas. Estudia los problemas, observa a otros, y piensa. El líder comprende que la mente es la herramienta más efectiva de liderazgo, y la afila constantemente.

También, un líder está en constante adiestramiento. Por más diestro que sea, constantemente se entona y capacita. Busca se lo más competente posible en su empeño. Practica con la disciplina de un atleta. Lee los manuales y se ejercita en su arte. Busca el consejo de buenos entrenadores, aquellos que con gran sabiduría buscarán los pequeños defectos que no se notan y le darán instrucción para que mejores sus destrezas pero sin desanimarlo.

Es realmente importante a quién usted conoce; pero lo que conoce es el vínculo que lo ata a esa persona.

El líder busca la sabiduría colectiva del equipo.

"La ira y la prisa obstaculizan
el buen consejo."

—— Proverbio inglés

CONSEJO

Si es cierto que el abogado que se representa a sí mismo tiene un tonto por cliente, es igualmente cierto que el líder que se aconseja a sí mismo tiene un tonto como consejero. La Biblia enseña que "en la multitud de consejeros los pensamientos se afirman". Cada uno de nosotros tiene una "red de sabiduría" a la cual podemos recurrir como solución a un problema o para la dirección de un plan. La "red" consiste en la sabiduría y parientes, amigos, o colegas que se han graduado del colegio de la experiencia.

Nadie triunfa solo. Aun un solitario maratonista tiene un entrenador. Hay momentos de concentración en la corrida y tiempos de intenso oír. El consejo que recibe el corredor es de suma importancia para que llegue a la meta.

Los mejores líderes se rodean de gente brillante. Saben que no están por encima del consejo de sus subordinados. Como los miembros de su equipo fueron elegidos por su conocimiento y destreza, son una gran fuente de ideas. Un buen líder aprovechará confiadamente y con regularidad esa fuente del saber.

Un buen líder sabe que necesita consejo, y lo busca.

El líder comparte el buen éxito con el equipo.

"Solos poco podemos hacer;
juntos podemos hacer mucho."

— Helen Keller

SOCIEDAD

Por qué algunos líderes triunfan mientras otros fracasan? Porque entienden que el buen éxito es un esfuerzo del equipo. El liderazgo y el trabajo en equipo van de la mano. Uno depende totalmente del otro. Los líderes han aprendido a valorar el principio de la sociedad, y están siempre listos a asociarse con alguien que pueda contribuir a un objetivo compartido.

"Dos cabezas piensan mejor que una" es uno de los axiomas que aprendemos temprano en la vida. ¿Cuál es entonces el próximo nivel? ¿Cuatro cabezas? ¿Ocho? ¿Dieciséis?

La acumulación de mayor sabiduría y habilidad ofrecen una gran oportunidad para la excelencia. La eficiencia generalmente se incrementa con la participación.

Cuando se confiere el mérito de esa eficiencia al líder del equipo, el verdadero líder siempre acepta las felicitaciones a nombre de los demás. Los grandes líderes comprenden que compartir la bendición es tan importante como compartir la culpabilidad. Las felicitaciones al equipo por sus esfuerzos simplemente lo motivan a mayor eficiencia.

Un gran líder crea un ambiente en el que otros también pueden triunfar. No teme conferir responsabilidad a sus colegas, y está dispuesto a darles crédito cuando sobresalen. Cuando el triunfo llega, ¡un buen líder celebra la victoria del equipo!

El líder acepta con calma el dolor y la decepción.

"Algunas personas triunfan porque están destinadas a ello, pero la mayoría triunfa gracias a su determinación."

— Elmer Towns

PERSEVERANCIA

Los mejores líderes saben que no siempre conseguirán las cosas a su manera. Los planes se desmoronan; la gente tropieza. A veces la competencia saldrá ganando. Así es la vida, y un líder sabio aprende a aceptarlo y seguir adelante. El líder comprende que sólo los que perduran hasta el fin reciben la corona de victoria. La perseverancia es una cualidad que lleva a algunos a hacer nuevos y brillantes descubrimientos en medio de un desastre. Por ejemplo, en manos de un científico, el trauma de una persona produce un avance tecnológico que ofrece esperanza a muchos.

Hay que encararlo; a veces las paredes se derrumban. ¿Qué sucede luego? La actitud hará la diferencia. Un buen líder puede enojarse, pero nunca se pondrá furioso. Puede quedar decepcionado o distraído, pero tiene la determinación de no enfurecerse debido a su dolor o descontento. Pone manos a la obra, hace nuevos planes, y se centra en las soluciones. Acepta la adversidad en vez de sucumbir a ella. Sigue avanzando con determinación.

El líder comprende que sensatez viene de un corazón fuerte.

El líder crea la atmósfera.

"El líder es una persona que tiene
una visión inspiradora y puede hacer
que otros la acepten."

— Laurence Smith

MAGNETISMO

El líder no depende del clima; él trae consigo el sol. Un líder efectivo puede hacer sentir su presencia en cualquier situación. Entra en una habitación con paso decidido. Busca ese primer juego de ojos con los que se pueda conectar. Con una sonrisa ilumina los rincones oscuros. Sus palabras evocan confianza y estímulo.

El buen líder ha descubierto que puede movilizar a la gente con el poder de su presencia. Sabe que cuando habla entusiastamente del futuro, la gente tendrá esperanza. Cuando habla de la posibilidad del éxito, la gente tendrá confianza. Cuando subraya las cualidades positivas de una idea, la gente se motiva.

Los líderes comprenden que el magnetismo es una parte heredada y dos partes desarrollada. Viven es una atmósfera que, hasta cierto punto, es de su propia creación. Han aprendido que si llevan una nube gris tirada de una cuerda por dondequiera que vayan, las personas con quienes se encuentren se descorazonarán. Pero al dejar que brille el sol a través de su conducta, pueden mostrar un aura de confianza.

Las personalidades magnéticas causan un flujo de energía positiva.

El líder reconoce el potencial de los demás.

"Trate a las personas como si fueran lo que debieran ser, y quizá usted pueda ayudarlas a convertirse en lo que son capaz de ser."

— Johann Wolfgang von Goethe

ÁNIMO

El hombre es el vasto e inexplorado recurso del planeta. Un líder sabio es aquel que se aprovecha de ese potencial. Ve lo bueno en otros y lo saca a flote. De muchas maneras, el potencial humano excede a las grandes invenciones de los siglos. El líder ve el potencial de sus colegas. Está siempre más interesado en lo alguien llegará a ser que lo que al momento es.

Los líderes ven las destrezas ocultas de los demás como habilidades futuras. Como el alfarero sostiene la arcilla sin forma y ve en su imaginación la vasija terminada, un líder ve las debilidades de sus colegas como futuras fortalezas y sus preguntas como sabiduría futura.

Los colegas del líder son diamantes en bruto que necesitan ser lustrados por un diestro artesano. La misión del líder es conseguir ese lustre. En el proceso, les infunde ánimo de autorrealización, como el siguiente: "Yo pienso que puedes hacer esto, si te esmeras." "Antes que termine el año, tú serás nuestra estrella." "Yo creo en ti."

El líder sabe que adicionando una dosis de ánimo, pueden cosechar abundante desempeño.

El líder dedica tiempo a recreación y diversión.

"Aun los hombres más sabios aprecian de vez en cuando un poco de diversión."

— Willy Wonka

RELAJAMIENTO

Los buenos líderes no esclavizan a los demás; tampoco ellos se hacen esclavos. Saben que el relajamiento no es un lujo sino una necesidad. Mucho tiempo en concentración y poco tiempo para renovación crea un desequilibrio peligroso para el líder. Así como el cuerpo necesita descanso para revitalizar su energía, el líder y su equipo necesitan una pausa para reparar fuerzas.

Los buenos líderes están al tanto de las necesidades de su equipo. Dan sabias sugerencias acerca de la renovación de fuerzas físicas, mentales, y espirituales del equipo. Evalúan y protegen el equilibrio personal, social, y profesional de cada uno. A propósito programan actividades para evitar el esfuerzo excesivo y el estrés.

Así también, el líder sabio dedica tiempo a sí mismo. Conoce lo bien que le hace una partida de golf, la serenidad de un set de tenis, la tranquilidad de un día de playa, o la bendición de un buen libro. Estos no son beneficios para los privilegiados; son herramientas emocionales y espirituales para el auto-mantenimiento.

El relajamiento es un buen remedio para el que toma la vida muy seriamente. Un líder necesita de vez en cuando "tiempo libre".

El líder resuelve los problemas que otros temen.

"Es infinitamente mejor hacer algo
y fracasar que no hacer nada y triunfar."

— Lloyd Jones

DESAFÍO

Al líder lo emocionan los retos. Mientras que otros pueden ver los desafíos como obstáculos, el líder los ve como peldaños en camino al éxito. Para él los problemas son oportunidades de crear, buscar soluciones, y sobresalir. El calibre del líder realmente se manifiesta cuando de pronto aparece un obstáculo. Como al jugador de fútbol defensor de la línea defensiva se le sube la adrenalina cuando los jugadores opositores lo marcan, el líder instantáneamente se siente motivado a sobreponerse a los problemas que encara.

El líder ve la oposición de un enemigo como la oportunidad de ganar un amigo. Considera los abrumadores elementos de un problema como la oportunidad de organizar las fuerzas para la batalla. El líder es proactivo. Sabe que cuanto mayor el desafió, tanto mayor es el sentido de cumplimiento cuando consigue la solución.

La palabra "imposible" no es del vocabulario de un verdadero líder. Tiene otro lenguaje, como: "Sí." "Yo sé que podemos." "Hagamos la prueba." Los grandes líderes pueden estar temerosos a veces, pero nunca permiten que sus temores les impidan encarar un desafío con coraje.

Cuando otros están tirando la toalla, el líder vuelve al tablero.

El líder da todo su apoyo.

"La gente no puede ser manejada.
Los inventarios pueden ser manejados,
pero la gente tiene que ser dirigida."

— H. Ross Perot

APOYO

Un buen líder tiene un sistema de apoyo; no sólo uno que se ocupad de sus intereses personales, sino uno que atiende a los intereses de los demás. Los líderes entienden la importancia de llevar consigo a alguien cuando van ascendiendo por la escalera del éxito.

El líder no sólo disfruta del buen éxito de los demás; más bien, crea un ambiente que produce gente exitosa. Los líderes son motivadores sin descanso. Como el agricultor diligente tiende el cultivo, así el líder cultiva al equipo. Con gusto sacrifica tiempo y conveniencia por la causa del desarrollo de un campeón.

El líder siempre está dispuesto a ofrecer parabién, consejo personal, y palabras de apoyo. Está al tanto del valor de una nota positiva, un correo electrónico, o una llamada telefónica. Comprende uno de los motivadores básicos: el reconocimiento. No duda en decir: "Muchas gracias." "Te aprecio" fluye naturalmente de sus labios. Hace que sus colegas se sientan vitales a la causa.

Los líderes que no triunfan recurren a echar la culpa, a la ira, y la crítica a fin de controlar a sus subordinados. El líder que triunfa libera a las personas, apoyándolas.

El líder tiene un sentido del humor.

"El humor es a la vida lo que los amortiguadores son a los automóviles."

— Stan Toler

HUMOR

Un buen líder no se toma muy en serio. Sabe reírse y está dispuesto a reírse de sí mismo. Considerando que tiene calculado quién es y cuál es su meta en la vida, no se siente amenazado por el hecho de que sus colegas están al tanto de sus debilidades y que probablemente han sonreído más de una vez a sus expensas.

El buen líder sabe que una pequeña broma puede romper el lazo de prolongada seriedad. Una broma o una historia de humor, cuidadosamente escogida y bien hecha, puede instantáneamente revertir el ambiente negativo en una reunión. El humor es también un arma eficaz para romper el hielo entre el liderazgo y el equipo. Una broma compartida con el equipo no sólo puede calmar una situación tensa, sino que puede crear una relación simpática, y cultiva la confianza. Cuando el líder se ríe, el equipo da un suspiro de alivio.

Nadie confía en un líder que no sabe reír. Abraham Lincoln tenía agudo ingenio. John F. Kennedy bromeaba con la prensa. Los más extraordinarios líderes están contentos con sí mismos y son capaces de sonreír.

El líder modela el liderazgo.

"Cualquier día preferiría ver un
sermón que oírlo."

— David O. McKay

BUEN EJEMPLO

Algunas de las más importantes lecciones en el liderazgo son vistas y no oídas. El salón de clase de la vida cotidiana es uno de los escenarios más ideales para aprender cómo dirigir a otros hacia sus metas. Las lecciones aprendidas allí tienen la ventaja de ser más prácticas y fundamentales que aquellas encontradas sólo en libros de texto. El trabajo y el ministerio son las mejores ilustraciones de todas.

Los buenos líderes no sólo predican acerca de la excelencia, ellos la practican. Las cualidades que desean ver en sus asociados son las que han modelado en su propia vida. Tienen buena ética de trabajo; son puntuales y diligentes. Cumplen su palabra y terminan un trabajo que hayan empezado, Son eficientes.

Los buenos líderes gozan del respeto del equipo y muestran excelencia en todos los aspectos de la vida. Porque son humanos, de vez en cuando decepcionarán a alguien. Pero como tienen cualidades de liderazgo, buscarán mantener sus normas personales tan altas que sus colegas los admiren.

El buen líder comparte conocimientos y experiencias con hechos y palabras.

El líder busca la excelencia.

"Cualquier cosa que valga la pena
hacer, vale la pena hacerla bien."

— Phillip Chesterfield

EXCELENCIA

El líder nunca acepta la mediocridad. Siempre considera que si algo es digno de hacerse, vale la pena hacerlo bien. Empieza una tarea bajo mucha consideración, la continúa diligentemente, y la termina totalmente. Cada paso, desde el estreno a la finalización, es un compromiso a la excelencia.

El líder sabe que la excelencia se aprende. Así como el científico entrena su mente para entender las teorías y los métodos para realizar un proyecto científico, el líder se compromete a las teorías y los métodos necesarios para alcanzar las metas de su organización. Se acostumbra a concentrarse en los planes y las técnicas para realizar sus propósitos. Hace sacrificios personales para éxitos corporativos.

El líder también comprende que la excelencia es cualidad y no cantidad. Es un estado de la mente. Llega tan lejos como puede y logra lo máximo posible. El líder sabe que corre el riesgo de no cumplir con las expectativas de sus compañeros, pero descansa tranquilo porque sabe que ha hecho lo mejor.

El líder no se contenta con una medalla de plata; le gusta palpar el oro.

Al líder le gusta celebrar.

"Celebre la felicidad que siempre le ofrecen los amigos; gócese de la vida y celebre cada día como si fuera un feriado."

— Amanda Bradley

CELEBRACIÓN

Un líder aprovechará cualquier oportunidad para realizar una fiesta. Sabe que nada edifica la moral como una celebración, no importa cuán pequeña sea. Aun cuando sea una caja de pasteles, un picnic en el parque, o una sorpresiva tarde libre, el líder entiende la fuerza motivadora del reconocimiento público a un trabajo bien hecho.

Los líderes celebran una buena actuación del equipo, el cumplimiento de una meta, o aun la culminación de un objetivo. Les complace honrar el desempeño corporativo de aquellos que han trabajado juntos en cumplir un objetivo común. Hay muchas maneras de decir: "¡Buen trabajo, equipo!" Y los buenos líderes usarán todas las maneras posibles.

Un líder también se complace en honrar logros individuales. Reconoce el duro trabajo de una persona a través de una conmemoración pública y tangible del esfuerzo.

Los líderes también aprecian las celebraciones personales. Afirman a los demás en cualquier oportunidad, celebrando cumpleaños, logros extracurriculares, o acontecimientos familiares. Escriben, llaman, o envían un regalo.

El líder tiene la disponibilidad de honrar a otros.

El líder dirige a personas, no a instituciones.

"El verdadero liderazgo tiene que ser para el beneficio de la gente, no el enriquecimiento de la institución."

— Loren Gresham

MOVIMIENTO

Los burócratas manejan instituciones; el líder dirige a la gente. Hay una gran diferencia. Los burócratas clasifican y etiquetan papeles con un sentido de satisfacción. El disco duro de sus computadoras está saturado con memorándum y archivos. Como gacelas se trasladan a través del bosque de pizarras y caballetes. Tristemente, son cautivos de sus propias instituciones. La institución es una entidad fría. Toma en vez de dar. Busca su propia preservación y se concentra en las ganancias.

El líder prefiere trabajar con gente que con papeles. La gente es dinámica. El líder tiene la capacidad de dar y de recibir. La gente necesita ser dirigida; está incompleta sin dirección.

Las instituciones sofocan el liderazgo. El verdadero líder es soñador; se arriesga. Quiere ver movimiento. El líder ve los reportes, los comités, los departamentos como males necesarios. Pero su gran pasión es por la gente. Se deleita en ayudar a sus colegas a alcanzar su destino. Siente nueva motivación al ver las sonrisas de los cumplen su deber. Se goza en los momentos afirmativos de sus colegas.

Un buen líder no añora tener una organización a la cual dirigir, sino a gente a quien guiar.

El líder es oidor.

"El primer paso a la sabiduría es el silencio; el segundo es prestar oído."

— Carl Summer

ATENCIÓN

He aquí una prueba rápida de liderazgo. El líder, ¿mira a los ojos de la persona que le habla? Si es así, el líder es atento, se interesa y preocupa por las necesidades del miembro del equipo. Si no, el líder es distraído, descuidado, o egocéntrico. Los buenos líderes toman en serio a la gente. Ellos escuchan cuidadosamente las palabras, la entonación de la voz, y las emociones expresadas por otros.

El líder escucha las ideas de sus colegas. Tal vez no lleven a cabo cada sugerencia que reciban, pero escuchan atentamente para captar nuevas metodologías. Entienden que una idea que los inspira hacia nuevas alturas muy bien puede venir de un miembro de su equipo.

También presta atención a las quejas. El líder comprende que si no se ventilan los sentimientos pueden ser explosivos y desbordantes, o bien podrían sofocar los esfuerzos del resto del equipo. Valora la opinión tanto de miembros del equipo como de críticos. Comprende que las quejas y preocupaciones de los demás son demandas por una atención personal.

El líder aprende porque escucha.

El líder es observador.

"El líder es aquel que sube al árbol
más alto, investiga toda la situación,
y grita: "¡Selva errada!"

— Stephen Covey

ALERTA

Qué hace el líder mientras el equipo trabajando duro? Observa. Pero no se confunda la observación de los que trabajan con el hecho de no hacer nada. El buen líder es un observador agudo; él está en alerta.

Primero, observa a los trabajadores. Está alerta de ver quién produce y quién no. Observa las debilidades para fortalecerlas, y se fija en las fortalezas para aprovecharlas.

Segundo, estudia el proceso. Quiere ver lo que resulta y lo que no resulta. Está alerta a métodos aburridos o maquinaria obsoleta. Valora la introducción de nuevas rutinas para realizar tareas establecidas. Sabe que los nuevos métodos de producción resultarán en nuevos productos.

Tercero, está alerta a futuros líderes de la organización. Se da cuenta de los que realmente quieren sobresalir. El líder sabe que por observar la interacción de destrezas y personalidades, saldrán a la luz personalidades sobresalientes, con un potencial de llevar la organización a un mayor nivel.

Muy poco se escapa de la percepción de un buen líder. Eso debido a que el buen líder tiene ambos ojos bien abiertos.

El líder valora el tiempo.

"Todo llega a aquellos que actúan
mientras esperan."

— Thomas A. Edison

EL TIEMPO

Decir que el tiempo es oro es un insulto al poder del tiempo. El líder sabe que el tiempo es el producto más precioso, con aun mayor valor que la riqueza. Tiene en sus manos la vigencia de las preciosas veinticuatro horas. El uso de esas horas determinaré el buen éxito o el fracaso, la pérdida o la ganancia. Los líderes efectivos se enseñorean del tiempo. Hacen de sus minutos y segundos sus esclavos para cumplir con sus propósitos.

Comienzan las reuniones a tiempo y finalizan de la misma manera. Fijan límites sensibles para las deliberaciones y el planeamiento.

No usan diez palabras cuando solo una es necesaria. Sus presentaciones son bien planeadas, pertinentes, e interesantes, pero también concisas.

Se relajan, pero nunca pierden el tiempo. Están conscientes de su mejor tiempo; las horas del día cuando son más efectivos. Hacen una pausa para fortalecerse físicamente y mentalmente.

Un líder efectivo planifica bien su tiempo. Cada día tiene una agenda, sea formal o informal. Nada hace sin propósito, aun si el propósito sea descansar.

Un líder considera que matar el tiempo es un crimen capital.

El líder prioriza las tareas que hay que hacer.

"Nunca tendrás tiempo para nada.
Si quieres tiempo tienes que hacerlo."

— Charles Burton

PRIORIDADES

El líder inefectivo hace las cosas obvias primero. El líder efectivo hace las cosas importantes primero. Un buen líder sabe que los términos urgente y vital no son equivalentes. Muchas tareas demandan atención. Pero un líder efectivo decide cuál de esas tareas son realmente importantes para cumplir el objetivo.

Una simple urgencia no es suficiente. La tarea debe ser vital a la misión. Cada momento debe ser intrínsicamente ligado a los principales valores y propósitos de la organización. Esto demanda el enfoque del líder. En el negocio del día, la pregunta tiene que ser: "¿Se dirige esta actividad al cumplimiento del propósito?"

Un buen líder comprende que no toda tarea vital puede ser hecha a la vez. Algunas actividades serán más importantes mañana de lo que son ahora. Una selección cuidadosa es la marca del liderazgo. Un firme aprovechamiento del ¿cuándo?, es tan importante como la comprensión del ¿qué?, ¿quién? o ¿cómo? en el manejo de un proyecto.

El líder establece prioridades. Pregunta: "Si puedo cumplir solo una cosa hoy, ¿cuál será?"

El líder es creíble.

"La confianza es el fundamento del liderazgo"

— Michael Estep

CREDIBILIDAD

Decir la verdad es importante; ser creíble es más importante. Tener un plan es importante; tener seguidores para implementar el plan es más importante. El buen líder es creíble. Se lo conoce por hacerlo bien a la primera vez y cada vez posteriormente.

Parte de la credibilidad viene de su vulnerabilidad. El líder admite sus errores cándidamente. No trata de esconderse detrás la debilidad de otra persona. Está dispuesto a decir: "Presente" cuando se llama la lista. Como ha hecho el trabajo fielmente, no está temeroso de una inspección por curiosos. Los motivos de un líder creíble resaltan en un juzgado de la opinión pública.

Un buen líder es confiable, es decir, digno de confianza. Es constante. No anda con rodeos ni evade la pregunta. Su palabra y su trabajo son tan buenos mañana como fueron ayer. El líder no evade el peligro ni el deber. Se puede confiar en que lleve la batuta, y en que la pase a otro cuando sea el tiempo.

El líder sabe que cuando de credibilidad se habla, el gentío escucha.

El líder pone por obra a sus ideas.

"El miedo de ideas nos hace impotentes y inefectivos."

— William O. Douglas.

ACCIÓN

En el mundo de los sonidos byte de cinco segundos, las ideas tienen que atraer inmediatamente la atención y cumplir un propósito. El líder pensador puede ser un buen analista, pero nunca será efectivo hasta que aprenda a poner por obra sus ideas. La acción mueve la teoría de la exactitud de la página a la necesidad de la gente.

"De boca para afuera" es una expresión de muerte cuando se aplica a un líder. Las teorías y los principios tienen que ser probados en el campo de batalla, y los líderes están ansiosos de ponerlos en práctica. Sus acciones resultan de la sabiduría de su madurez.

Un buen líder actúa cuidadosamente; comprende la importancia del tiempo. Actúa prudentemente. Sus acciones están basadas en su conocimiento de los recursos disponibles. Nunca compromete a su equipo a una causa que no tiene un significado medio de apoyo.

Actúa con coraje. El líder efectivo no teme de blandir el machete en la selva. Está dispuesto a abrir nuevos senderos, a ir adonde nadie se ha atrevido de ir.

Los hechos de un líder hablan más que solo palabras.

El líder toma decisiones.

"La eficiencia es hacer las cosas bien.
La efectividad es hacer lo debido."

— Alan Nelson

FIRMEZA

El líder nunca se resiste cuando le toca tomar una decisión. Es su trabajo tomar decisiones, y lo hace bien. Sabe que la duda es un mal peligroso que infecta y eventualmente arruina las organizaciones. Hay que izar las velas cuando los vientos soplan. El carácter se forja en el ahora. El líder es firme.

Toma decisiones calculadas. El líder sabe que hay dos rutas importantes. Una es el camino de posibles riquezas, mientras la otra es el camino de una eventual ruina. El líder sabe escoger la debida ruta. Evalúa opciones, pesa prioridades, y consulta consejeros. Sabe elegir. Sus determinaciones se basan en su experiencia y la sabiduría de los demás.

Los líderes toman decisiones objetivas. Nunca protegen una decisión sobre la base de opinión popular. Están dispuestos a seguir adelante sin importarles el costo personal.

En buen líder no deja las cosas más tarde. Cuando lo toca decidir, hace lo que le corresponde y sale al paso.

El líder no pospone hasta mañana lo que puede decidir hoy.

El líder ama a la gente.

"Se puede dar sin amar pero no se puede amar sin dar."

— Mark Graham

AFECTO

Es posible ser jefe sin estar muy pegado a sus subordinados. Pero usted no puede ser líder sin afecto por sus colegas. ¿Por qué? ¡Nadie lo seguirá! El líder no se vale de las personas para conseguir sus objetivos. Se interesa sinceramente en los miembros de su equipo.

Mucha gente tiene buenas ideas. Muchas personas son buenos administradores. Pero aquellos que se convierten en líderes son los que aman a la gente y son amados. Los colegas tienen que saber que el líder está verdaderamente interesado en lo que a ellos les interesa. No son robots que necesitan de ser mimados, sino seres humanos que necesitan ser integrados.

El líder no teme llevar a sus colegas hacia el círculo de aceptación. Respeta el derecho a privacidad de cada uno, pero está dispuesto a sobrepasar las imaginarias líneas emocionales que separan a los jefes y a los subordinados en el esquema organizacional.

¿Cuál es la diferencia entre un jefe y un líder? El jefe tiene empleados. El líder desarrolla líderes. Sus seguidores saben que el líder les tiene afecto, y que se interese por la familia de ellos, y por su futuro.

Los líderes son inclusivos, no exclusivos.

El líder siempre incluye a otros.

"Un buen liderazgo motiva y moviliza
a los demás a cumplir una tarea o a
pensar en formas que beneficien
a los interesados."

— Don Page

PARTICIPACIÓN

Hay una razón porque la profesora dé a cada alumno de segundo grado un rol en la velada de Navidad. Ella sabe que todos los padres —y la mayoría de abuelos— vendrán a ver actuar a sus niños. La participación produce buen éxito. Mayor participación genera mayor éxito.

Los mejores líderes no están interesados en llevarse los méritos, por tanto no se llenan de responsabilidad. Están interesados en conseguir el objetivo, de tal manera que incluyen a la mayor cantidad de gente posible. Saben que compartir responsabilidad implica experiencias de aprendizaje y crecimiento para sus colegas. El constante apiñamiento no hace a un equipo campeón. Se gana experiencia en el tiempo de práctica y juego. La perfección se forma en el campo de batalla. No sucede en la tribuna o en la banca.

El petirrojo limpia su nido para que los pichones prueben sus alas. El vuelo puede ser aterrorizante al principio, pero así comienza el viaje de los petirrojos hacia nuevos horizontes. Si la madre continúa haciendo todo vuelo y la recopilación de comida, los pichones nunca conocerán el gozo del riesgo o de la responsabilidad.

Un verdadero líder abre la puerta a la participación.

El líder piensa creativamente.

"La imaginación es el comienzo de la creatividad."

— George Bernard Shaw.

CREATIVIDAD

El líder no sólo piensa fuera de lo acostumbrado; lo practica en su vida. Si hay un modo convencional de manejar un problema, un buen líder lo ubicará al último. ¿Qué es lo nuevo? ¿Qué es diferente? ¿Qué no se ha hecho? Estas son las preguntas que hace el líder.

Los líderes son gente creativa. Ven cosas que no existen y les dan vida. Les encanta trabajar en suelo fresco. No necesitan lo probado y comprobado. Están dispuestos de ir a donde nadie ha llegado antes. Son grandes descubridores.

Un líder creativo está dispuesto a sacrificar lo inmediato por la causa del mañana. Está dispuesto a pagar cualquier precio por ver que sus sueños se hagan realidad. Está dispuesto a trabajar bajo el calor del sol para sembrar las semillas de la promesa. Las nubes y lluvia no lo detienen.

Un líder creativo está dispuesto a usar métodos que no han sido probados. Le complace fusionar con sus compañeros de trabajo nuevas ideas y principio para que cumplan sus objetivos.

El líder mira a la vida a través de anteojos de posibilidad.

Al líder lo motivan las metas.

"Podemos hacer cualquier cosa que queramos siempre y cuando nos ajustemos a ello."

— Hellen Keller

EMPUJE

El líder quiere llegar a su destino. Puede disfrutar del viaje, pero goza aun más la llegada. El líder es aquel que necesita marcar como cumplido cada artículo de la lista, y se esfuerza en realizar una tarea más al final del día.

El líder tiene la vista fija en la meta, y comprende que para alcanzarla tiene que dirigirse hacia ella. Tiene el empuje de hacer todo el esfuerzo necesario para llegar donde cree que está yendo.

Los líderes tienen un recurso interno de refrescamiento. Han atravesado suelo arenoso para llegar a la fuente de vigor espiritual. Mantienen abierta la fuente de la inspiración, y extraen de ella libremente hasta rejuvenecer su alma con nueva fuerza.

El líder es un guía que indica a su equipo los señuelos y el objetivo. Busca maneras creativas de mantener a la vista de sus colegas el propósito y el plan. Y no descansa hasta que se haya alcanzado el objetivo.

El líder corre hasta que rompa la baya.

El líder es constructor de equipos.

"Reunirse es el comienzo;
mantenerse juntos es progreso;
trabajar juntos es el éxito."

— Henry Ford

TRABAJO EN EQUIPO

Los corredores de maratón son atletas inquebrantables; pero a menudo no son líderes. Compiten solos. El liderazgo es un juego de equipo. Significa que todos deben participar para alcanzar un objetivo. El líder hace más que dirigir a individuos. Construye un equipo. Reúne el potencial y las habilidades de individuos y los incorpora al trabajo unitario. El líder tiene tanto objetivos personales como corporativos. Se esfuerza por sobresalir individualmente, pero su mayor gozo es ayudar a que todo el equipo en su desempeño.

El líder comprende la importancia de una buena comunicación. Sabe que el propósito del equipo es sólo teoría hasta que cada miembro lo internalice. Sabe que sin la interacción de los miembros del equipo, el trabajo será desarticulado y los trabajadores se dividirían.

Los buenos líderes construyen la moral y crean la comunidad. Mantienen el buen humor. Halagan y premian los esfuerzos individuales y de equipo. Celebran victorias y comparten fracasos. Reconocen los logros sobresalientes porque saben que si impulsan a alguien del equipo, inspiran a todo el equipo a mayor desempeño.

El liderazgo es una parte "líder" y nueve partes "equipo".

El líder es generoso.

"La gente que vive para sí nunca
termina en satisfacerse a sí misma
ni a los demás."

— Trumbull

HUMILDAD

Un líder que busca tener meritos será pronto un protagonista solitario. Ningún equipo seguirá realmente a un líder egoísta. El personal establecerá un régimen de trabajo, pero cumplirá su labor sin respeto. Los mejores líderes muestran esa muy rara virtud: humildad. Descubren el gran valor de las cosas en términos de su habilidad de hacer que el equipo sobresalga.

A un excelente líder no le interesa quién consiga el premio, mientras que el trabajo se realice. Para él, el trabajo significa más que los elogios. Las metas son más importantes que los premios. Una medalla no significa tanto como la buena conducta. Un gran líder no llama la atención a sí mismo. Más bien, expresa su aprecio por las contribuciones de los demás.

Está dispuesto a poner la misión antes que sus propios intereses. Ha descubierto el gran gozo de dar su vida por algo que valga la pena. El propósito, la misión, y los objetivos de la organización son supremos, mientras que las personalidades y los logros personales del líder son secundarios. Lo que haya hecho como individuo es mucho menos importante de lo que ha contribuido para que otros triunfen.

¡Cuanto más grande es el líder, menor es el ego!

El líder pide directivas.

"La palabra a su tiempo,
¡cuán buena es!"

— Proverbios 15:23

ASESORÍA

Los buenos líderes no tratan de ser expertos en cada área. El líder sabe lo que desconoce. Comprende las limitaciones de su sabiduría y experiencia, pero está dispuesto a llenar los vacíos guiándose de los demás. Sabe que tiene destrezas, pero también sabe que con sólo una pregunta puede obtener aún mayores destrezas. Comprende que el viento de los cambios tecnológicos lo sacudirá a no ser que encuentre nuevas fuentes de aprendizaje.

La gente que no pide consejo comete errores innecesarios. Los líderes no se sienten cortos de pedir un consejo. Cultivan consejeros. Se empeñan en desarrollar una red de colegas que serán capaces de inyectarles dosis de destreza y experiencia.

El líder comienza su búsqueda de consejo en casa. Es sensible a las habilidades y la experiencia de sus colegas. Busca el aporte del equipo y hace preguntas. Sabe que no hay que avergonzarse de ser ignorante, pero que es un crimen ser negligente.

Los líderes más sabios son aquellos con los consejeros más sabios.

El líder cree que en el beneficio mutuo.

"Uno puede conseguir todo lo que quiera si ayuda suficientemente a otros conseguir lo que ellos quieran."

— Zig Ziglar

MUTUALIDAD

El buen éxito no es una empresa en que uno gana a expensas de los demás. El buen líder sabe que su triunfo no requiere el fracaso de otro. Hay más que suficiente éxito para todos. El líder más efectivo es aquel que cree que su triunfo puede ayudar a otros a alcanzar sus metas. Cree en el poder del beneficio mutuo.

El líder pregunta: "¿Qué puedo hacer por ti?" Comprende que ayudando a otros, se beneficia él mismo. El servicio es una inversión que paga más que en forma monetaria. Paga en el desarrollo del carácter; paga en la influencia y en las relaciones. La generosidad es una inversión a corto plazo que paga dividendos a largo plazo.

El líder pregunta: "¿Qué podemos hacer juntos?" El trabajo en equipo es una situación que beneficia a todos. Al trabajar en equipo, el líder se beneficia de las habilidades de los demás. Primero, gana el conocimiento de esas habilidades. La colaboración con otros le enseña cómo se realiza la tarea. Segundo, gana el efecto de esas habilidades. Comparte el aplauso que recibe el equipo por la efectividad de sus miembros. Es una situación en que todos ganan.

El líder pregunta: "¿Cómo puede esto beneficiar a ambos?"

El líder hace amistad con el equipo.

"Ser rico en amigos es ser pobre en nada."

— Lilian Whiting

RELACIONES

Es imposible dirigir a cierta distancia. Los buenos líderes trabajan codo a codo con su equipo. Saben que no necesariamente tienen que convertirse en "uno del grupo"; pero dedican tiempo a hacer amistad con sus colegas.

El líder ve la manera de crear una relación con el equipo. Recuerda nombres, participa en conversaciones, y toma parte en los eventos sociales del equipo. Está tan dispuesto a compartir una sonrisa como una lágrima; se goza con lo que se gozan y llora con los que lloran. Reconoce con simpatía el retrazo de un miembro del equipo y con alabanza el logro de alguno.

El buen líder no teme arremangarse. Sabe que algunas de sus relaciones más valiosas serán ganadas en las trincheras. Sus colegas aprenden por el trabajo mutuo de equipo que ninguno está por encima de los logros y propósitos de la organización. Aprenden que el trabajo se realizará sólo cuando el equipo trabaje junto en unidad.

El líder conoce la importancia de llegar a conocer a su equipo.

El líder acepta buenas sugerencias.

"Ser exitoso en cualquier aspecto requiere un permanente reajuste en la conducta como resultado de las reacciones de los demás."

— Michael Gelb

FRANQUEZA

La persona que le dice que se le ve la enagua antes de que usted se presentes al público, no es su enemigo. Esa persona es su amiga. Los líderes comprenden la diferencia entre una sugerencia útil y una crítica maliciosa. Reciben la primera e ignoran la segunda.

En un sentido los líderes son encuestadores. Su buen éxito depende del favor de la gente. Por consiguiente, quieren saber cómo está la corriente de opinión. Siempre están buscando formas de tener impacto sobre su "mercado". Por ejemplo, cuando la comunicación del informe no es clara, quieren saber el porqué. Las sugerencias útiles de sus colegas son piezas constructivas del éxito, no piezas obstaculizadoras de negativismo.

El líder valora los "informes de campo". No quiere avanzar con un principio o una tecnología que no mueva a la organización hacia delante. No deja pasar desapercibida la crítica constructiva. La reúnen y la clasifican para ver si tiene el potencial de producir excelencia.

El líder está más interesado en resolver los problemas que en transferir la culpa.

El líder proporciona los recursos para hacer el trabajo.

"Un buen objetivo de liderazgo es ayudar a los que están haciendo pobremente el trabajo a hacerlo bien y ayudar a los que lo están haciendo bien a hacerlo aun mejor."

— Jim Rohn

POSIBILITAR

Los cohetes espaciales no son construidos por súper-héroes. Los construyen gente ordinaria que ha sido capacitada adecuadamente, con destrezas y equipamiento para hacer el trabajo. El líder es la persona que reúne a la gente y los recursos.

Un personal de venta necesita un producto. El líder se asegura que haya abastecimiento. Desarrolla el concepto o el producto, prepara un plan de mercadeo, y equipa al vendedor con adiestramiento en presentación y técnicas de venta.

Un programador necesita información. Un líder mantiene el flujo de información en dirección del programador. Un líder comprende que parte de su responsabilidad es remover los obstáculos. Por una rápida atención a la falta de fluidez, el líder contribuye a eliminar el estrés del trabajo y el desentendimiento entre los colegas.

Los líderes facilitan el trabajo al proporcionar recursos. Ellos desatan el poder creativo de su equipo proporcionando las herramientas adecuadas. Priorizan la continua educación animando a sus colegas a desarrollar sus destrezas en las oportunidades de capacitación que se ofrecen dentro de la empresa y fuera de ella.

El buen líder mantiene en buen flujo los recursos disponibles.

El líder define claramente los deberes laborales.

"La gente se desempeña mejor cuando se definen los roles de liderazgo."

— Stan Toler

EXPECTATIVAS

Un buen equipo hará lo que sea que se le pida hacer. ¡Pero los miembros del equipo deben saber lo que se les está pidiendo! Es la función del líder definir las expectativas. Muchos miembros de equipo son inefectivos e improductivos simplemente porque no tienen una idea clara de su función. Están dispuestos, y son capaces; pero no entienden lo que se espera de ellos.

Un buen líder informa a cada miembro del equipo exactamente cuáles son sus responsabilidades. Primero, comunica claramente el propósito de la asignación. Segundo, claramente bosqueja una descripción del trabajo. El personal tiene que comprender su función en ayudar a la organización a cumplir sus metas. Se definen las áreas de responsabilidad para evitar duplicidad y desentendimiento entre los miembros del equipo.

La productividad depende de la responsabilidad recíproca y esta responsabilidad comienza con las expectativas. Los buenos líderes dan al equipo la oportunidad de informarles. Saben que si una asignación no tiene fecha de entrega, pueda que nunca sea completada. El líder define los límites de la responsabilidad, y sirven como "patrullero de control" para asegurarse que el proyecto sea terminado entre los confines del límite.

Las expectativas del líder nunca exceden a sus explicaciones.

El líder celebra los hitos.

"El talento de nada te sirve a no ser
que sea reconocido por alguien."

— Robert Half

RECONOCIMIENTO

El líder celebra los gigantescos pasos dados por su equipo. Reconoce los hitos a lo largo del camino. Cuando el miembro más nuevo completa un adiestramiento, se hace fiesta. Cuando se cumplen los objetivos del primer trimestre, se festeja con bombos y platillos. Cuando se alcanza una meta, la compañía invita almuerzo a todos. Los buenos líderes aprovechan cada oportunidad para reforzar los progresos del equipo.

El líder comprende la importancia del reconocimiento. Sabe que la persona que se siente apreciada por sus esfuerzos realiza un buen trabajo. Éste no espera la fiesta de jubilación para entregar flores. Lo hace regularmente. Los problemas en el currículo vitae de los miembros del equipo no pasan desapercibidos. Cada paso en mejoramiento de la carrera es digno de notarse (y digno de ser señalado).

El líder constantemente blande la bandera que dice: "¡Qué bien, vamos por buen camino!" Sabe que las expresiones de aprobación verbales, escritas o tangibles impulsan al equipo a seguir adelante. La moral sube cuando cada miembro comprende que su victoria contribuye al progreso de todos.

Los líderes son animadores.

El líder reconoce la excelencia del equipo.

"El mejor líder acentúa lo mejor en aquellos a quienes administra."

— J. Richard Clarke

ELOGIOS

Los mejores ejecutivos no trabajan sólo por dinero. También los motiva el deseo de un buen desempeño. Los obreros que están interesados en sobresalir tienen un recurso interno de inspiración. Obviamente los impulsa a hacer lo mejor una ética tan rara que pocos buscan adoptarla. Un buen líder sabe cuando ha encontrado esos buscadores de excelencia, y explota sus recursos ocultos elogiando sus logros.

Los líderes saben cuáles de los miembros del equipo son los que destacan. Los de mejor desempeño generalmente son los primeros en presentarse y los últimos en salir. Son a menudo los que menos de quejan y los más dispuestos a cooperar. No los incomoda una asignación, porque ya han sacrificado la conveniencia por una mejor causa.

El líder comprende el valor de un discurso de apoyo en medio de un proyecto. Sabe también que la crítica constructiva da mejor resultado cuando se mezcla con estímulo constructivo. Comprende la teoría del liderazgo de que el desempeño mejora en proporción al elogio que se ha dado. Cuando el equipo "va una segunda milla", el líder se desborda en reconocimiento de ese sacrificio.

El líder tiene un ojo por la excelencia.

El líder se concentra en la misión.

"Un buen líder se mantiene enfocado.
Controlar el destino es mejor que
ser controlado por él."

— Jack Welch

ENFOQUE

Las distracciones son la ruina del líder inefectivo. Como un perro de caza persigue a dos conejos a la vez, el líder improductivo cambia direcciones frecuentemente. A consecuencia, sus seguidores se tornan confusos y frustrados. Como nunca saben exactamente qué hacer, por lo general terminan sin hacer nada.

Los líderes productivos tienen un solo enfoque. Ellos "persiguen" una cosa a la vez porque concentran su atención. Saben lo que se necesita hacer, y saben qué tendrán que hacer para lograrlo. Han dirigido su atención a la misión.

También saben qué recursos están disponibles para llevar a cabo la misión. Saben cómo conseguir mano de obra para el trabajo. A los líderes enfocados generalmente no les faltan seguidores. La gente con deseos de trabajar naturalmente gravita a alguien que sea capaz de darle buena orientación.

Un líder efectivo comprende qué destrezas en el equipo son necesitadas. Sabe qué especialistas hay en el equipo, y comprenden qué talentos individuales son los que mejor se adaptan a la asignación.

El líder efectivo no está interesado en hacer diez buenas cosas. Quiere hacer una cosa y hacerla bien.

El líder comprende la definición de funciones.

"El aprendizaje es un tesoro que acompaña a su dueño a todas partes."

— Proverbio chino

FUNCIONES

Ponga a un puntero próximo a un defensor de ataque, y usted entenderá porqué los jugadores de fútbol tienen posiciones claramente definidas. Cinco o seis pulgadas y cien libras le dirán la razón de que los jugadores tienen distintas responsabilidades en el campo de fútbol. Un líder no sólo comprende su propia función sino también conoce las funciones de los otros miembros del equipo.

Parte de la tarea de un líder es ayudar a cada miembro del equipo a entender su lugar en el equipo. Los buenos líderes han dado a este antiguo dicho un nuevo significado: "Un lugar para todos y cada uno en su lugar." Así como un jugador de ajedrez sabe cómo cada pieza de ajedrez funciona en su posición en el tablero, los líderes saben relacionar a la persona con la posición. No asignan a nadie a una responsabilidad que no esté claramente comprendida.

Luego el líder capacita al equipo. Un buen líder nunca pide a alguien que desempeñe una función para la que no está equipado.

El líder sabe ubicar a cada persona en su mejor lugar.

El líder está dispuesto a pedir perdón.

"El precio de la grandeza es la responsabilidad."

— Winston Churchill

RESPONSABILIDAD

Los buenos líderes actúan responsablemente. No necesitan que se les diga que están equivocados. Por lo general, ellos mismos lo dirán. Manifiestan en su propia vida la apertura y honestidad personal que esperan de sus colegas.

Un líder no puede darse el lujo de ser defensivo acerca del fracaso personal. Muchas otras cosas están en juego para preocuparse de aparentar algo que no es. El miembro de equipo que pasa mucho tiempo reflexionando en el último juego, probablemente no tendrá el valor de ejecutar el próximo.

Un buen líder está dispuesto a tomar responsabilidad por sus acciones. Tiene la buena voluntad de examinar sus propias actitudes y motivaciones para ver si es el granito de arena que impide que la maquinaria funcione fluidamente. Está dispuesto a hacer el sacrificio personal necesario para el bienestar de la organización.

"Yo estaba equivocado." "Lo siento." Estas frases son pequeñas, pero altamente significativas. Y harán mucho mayor impacto que un largo discurso acerca de moral y esfuerzo del equipo.

El líder es pacificador.

El líder multiplica su efectividad al capacitar a líderes potenciales.

"No hay nada que la capacitación no pueda hacer. Nada está fuera de su alcance."

— Mark Twain

MULTIPLICACIÓN

Los líderes expanden su trabajo por multiplicación, no sólo por adición. Un líder experimentado está siempre en la búsqueda de un nuevo empleado talentoso. El líder sabe que está limitado por tiempo y espacio para satisfacer todas las necesidades de la organización. No obstante, tal vez no sea suficiente añadir otro empleado. Tendrá que formar nuevos equipos y contratar más trabajadores. Una de las primeras lecciones del liderazgo es que una persona no puede hacer todo. Pero todo lo que se necesite hacer puede ser alcanzado a través del reclutamiento, el adiestramiento, y la autorización.

El propósito de cada líder debería ser de entrenar a su reemplazo. La efectividad de la organización depende del poder multiplicador de su liderazgo. Es simple aritmética. "Tú te encargas aquí, y yo comenzaré un nuevo equipo allí." ¿Cuál es el resultado? "Ayer éramos diez; mañana habrá veinte." ¿Cómo afectará esto a la organización? "Ayer podíamos hacer sólo esto, porque éramos muy pocos. Hoy y mañana podremos hacer todo aquello, porque ya somos más."

El líder dedica tiempo a reclutar líderes.

El líder escoge como miembros del equipo a quienes trabajan bien con otros."

"El desempeño de una organización es el resultado de la combinación de esfuerzos de cada individuo."

—Vince Lombardi

COMPATIBILIDAD

El dicho: "No se puede mezclar aceite y agua" es un recordatorio doloroso. A menudo esa expresión viene del campo de batalla de las relaciones interpersonales. Los compañeros de trabajo están en desacuerdo sobre las políticas o los métodos. Comparten una asignación, pero no son almas gemelas. Un líder tiene que tomar importantes decisiones al formar un equipo. Algunas personas trabajan bien con los demás; otras, no. Al líder le toca encontrar la perfecta combinación de personalidades, destrezas, y dedicación.

Algunas personas dotadas no trabajan bien con los demás; son actores solitarios. Lograrán más por su cuenta que si tuvieran dos asistentes.

Otros trabajan como yuntas. Se desempeñan mejor en pareja. Les gusta la camaradería del ambiente de trabajo. Se alimentan de la compañía de los demás. Trabajan mejor en compañía de uno o más miembros de equipo.

Los líderes sabios reconocen las características y construyen el equipo en conformidad a ello. No tratan de hacer "sociable" a un "lobo solitario". Para cumplir sus propósitos ponen a trabajar juntos a gente con distintas destrezas.

Un buen líder sabe aprovechar la compatibilidad.

El líder busca comprender la química.

"Los líderes siempre encuentran la manera de cumplir sus propósitos."

— John Maxwell

QUÍMICA

Sea una cualidad innata o cultivada, los líderes tienen un entendimiento de la psicología del equipo. Observan la dinámica de grupo. Comprenden el "pensamiento grupal" de su equipo. Saben lo que motiva a las personas a la excelencia, y conocen lo que impide el progreso.

El líder sabe cuándo los miembros del equipo necesitan ser animados y cuándo necesitan descanso. Está alerta a los signos de fatiga y estrés. Sabe cuándo una "pausa" pondrá al equipo en "marcha rápida". El líder también entiende el poder de unas buenas palabras para inspirar al equipo a trabajar bien.

El líder también sabe cuándo animar y cuándo reprender. Como conoce las debilidades y las fortalezas de los miembros del equipo, sabe cuándo están realizando lo mejor o trabajando por debajo de su capacidad. El hábil reconocimiento de ese esfuerzo, o falta o esfuerzo, puede ser un gran motivador.

Llámelo psicología barata, pero los mejores líderes saben qué mueve al equipo, y se valen de ese conocimiento para impulsar a los miembros hacia el objetivo.

El líder sabe cuándo empujar y cuándo halar.

El líder valora la diversidad del equipo.

"Mejores son dos que uno; porque tienen mejor paga de su trabajo. Porque si cayeren, el uno levantará a su compañero; pero ¡ay del solo! que cuando cayere, no habrá segundo que lo levante."

— Eclesiastés 4:9-10

SINGULARIDAD

La gente es como copos de nieve; no hay dos iguales. Un buen líder comprende ese concepto y trata a los miembros del equipo como individuos. El liderazgo vibrante evita el manejo de "todos por igual". A algunas personas no se las puede encasillar en un molde. En el mejor de los casos se rebelan internamente, y en lo peor se sublevan abiertamente.

La cosa que más entusiasmaría a un trabajador a sobresalir puede ser causa de que otro cuestione su habilidad. Usted puede optar por un acercamiento directo con un empleado, señalando los puntos débiles que necesitan ser fortalecidos. Con otro miembro del equipo esa estrategia de crítica directa puede resultar en desánimo y desconfianza. Un buen líder no ofrecerá a Roberto el mismo estímulo que motiva a Juan. Tampoco pedirá a Julieta que trabaje por la misma compensación que Elena.

Los líderes entienden que la gente es diferente y se esfuerzan en comprender la singularidad de cada miembro de su equipo. Algunos llamarían a eso una buena técnica de administración. Un excelente líder lo considera como muestra de cortesía. Éste trata a otros como quisiera a él lo traten.

El líder sabe que el mismo tamaño no cabe a todos.

El líder sabe evaluar sus esfuerzos.

"Lo que le pasa a un hombre es menos significativo que lo que pasa dentro de él."

— Lous L. Mann

AUTOEVALUACIÓN

La felicitación o la crítica no deberían tomar al líder por sorpresa, porque ningún amigo o detractor puede decir algo que el líder ya no sepa. Los líderes que se examinan a sí mismos evitarán ser movidos por halagos o heridos por la crítica. Ellos conocen sus fortalezas y sus debilidades. Saben cuándo están en una modalidad de éxito, y cuándo están apuntando en la dirección equivocada.

Pueden aceptar halagos sin volverse presuntuosos. Saben que muchos de sus logros vienen de las contribuciones de sus colegas. Cuando aceptan el aplauso de los demás, internamente extienden una mano hacia los miembros del equipo.

Y ellos pueden escuchar las críticas sin ofenderse. Considerando que tienen un gran sentido de propósito y dirección, la crítica constructiva sólo los impulsa hacia sus objetivos.

Los buenos líderes se sienten a gusto con sí mismos. Se conocen y saben cómo son, y no les molesta escuchar al respecto. Como están al tanto de sus debilidades, prestan atención a las sugerencias que los ayudarán a desempeñar su liderazgo.

El líder es sincero con sí mismo.

El líder celebra los días especiales de los miembros del equipo.

"Si no pensamos en los demás y hacemos algo por ellos, perdemos una de las más grandes fuentes de felicidad."

— Ray Lyman Wilbur

COMUNIDAD

Cumpleaños, aniversarios, graduaciones, nacimientos… estos eventos marcan el paso de la vida. Los buenos líderes están alerta de las etapas de la vida en los miembros del equipo. Al celebrar estos días especiales, afirman el valor de cada uno de ellos.

No es difícil. Las tarjetas de cortesía, por ejemplo, no son una tarea administrativa. Es un modo tangible de decir: "Me concierne este incidente de su vida, porque usted me importa." El festejo de los cumpleaños en la oficina no es una excusa para dejar de trabajar. Es una actividad que fortalece al equipo; una forma de levantar la moral. Reconociendo el hito, el líder muestra a la persona festejada y a los asistentes que son importantes a nivel personal, no sólo a nivel organizativo.

Cumpleaños, muertes, matrimonios… porque estos acontecimientos en la vida del personal de la organización son tan importantes, los líderes efectivos les dan prioridad. Si es posible hacer una visita personal, es mucho mejor que enviar o entregar una tarjeta. Cada oportunidad de celebrar un logro o una etapa de transición en la vida trasmite al equipo el interés del líder.

El líder siempre está atento a los momentos importantes de sus colegas.

El líder culpa en forma discreta.

"Los líderes premian en voz alta
y culpan suavemente."

— Catherine the Great (adaptado)

TACTO

De vez en cuando, una reprimenda del líder a un empleado beneficia a la organización. Cómo se maneja la reprimenda es una marca del liderazgo efectivo. Hay un viejo proverbio que dice: "No uses un hacha para retirar una mosca de la frente de un amigo."

Un líder efectivo tiene tacto. Mientras que da los halagos a oídos de los demás, la amonestación la hace en privado. Él nunca rebaja a sus colegas ni los reprende abiertamente. Su crítica siempre va revestida de bondad. Raras veces un trato hosco a un miembro del equipo resultará en un mejor desenvolvimiento. Generalmente el resultado es amargura, y no mejoría.

También, el líder sabe que la crítica es más efectiva cuando va acompañada de cumplidos. Cuando se reconocen las buenas cualidades de un empleado, para éste es más fácil digerir las observaciones de aspectos problemáticos.

La crítica siempre debe tener fines positivos. Es para levantar el nivel de actuación de los miembros del equipo; se señalan las debilidades para convertirlas en fortalezas.

Un buen líder protege el amor propio del equipo.

El líder escucha
y responde.

"El entendido en la palabra hallará
el bien, y el que confía en Jehová es
bienaventurado."

— Proverbios 16:20

RECEPTIVIDAD

Todos los líderes escuchan, tarde o temprano. Los buenos líderes escuchan pronto. Ellos responden a un estímulo honesto y a buenas sugerencias.

El líder escucha a sus "clientes". Sea en los negocios o en el ministerio, él sabe que tiene un producto que vender al público. ¿Qué quiere el cliente? Un excelente líder no sólo escucha, sino que responde haciendo más de lo necesario en tratar de satisfacer las demandas de los clientes.

El líder escucha a su equipo. ¿Qué necesitan los miembros del equipo? ¿Cuáles son sus sugerencias para una mayor eficiencia organizativa? ¿Cómo se relacionan con los jefes? ¿Y entre ellos? Al escuchar cuidadosamente y con receptividad, el líder puede hacer mejoras rápidas que drásticamente afecten ala organización.

El líder escucha a otros líderes. Como un jugador de golf que aprende de previos lanzamientos en el campo de juego, un líder "estudia" la experiencia de los demás.

El líder escucha a sus propios instintos. Comprende que "las corazonadas" casi siempre son barómetros confiables. Aprende a responder a su voz interior y asume puntos de vista que a veces van contra la corriente de la organización

El líder tiene oídos para oír.

El líder tiene dominio propio.

"Los campeones no se convierten en campeones en el campo; allí simplemente reciben reconocimiento."

— Bob Costas

DISCIPLINA

Los líderes efectivos saben disciplinarse para lograr sus objetivos. Aquellos que son ineficientes ponen su comodidad e intereses personales sobre los de la misión. Sus esfuerzos son esporádicos; por consiguiente, tiene altibajos en sus reportes de logro.

Un buen líder ha disciplinado sus hábitos de trabajo. Es sensato, puntual, constante, y de confianza. El líder sabe centrarse en un proyecto, evitar distracciones, y avanzar hacia el objetivo establecido.

Un buen líder también ha disciplinado sus hábitos personales. Sabe que la sobriedad, la moderación, y un temperamento parejo son cualidades de carácter que lo beneficiarán a través de su vida, por tanto se esfuerza en cultivar estas cualidades. Cuida de su cuerpo. Hace ejercicios, se alimenta bien, y descansa lo necesario.

Además, un buen líder ha disciplinado sus hábitos espirituales. Pasa tiempo en reverente reflexión y adoración. Lee libros que lo inspiran y escuchan grabaciones inspirativas. Lee la Biblia y pasa tiempo en oración y comunión con Dios.

La disciplina no es opcional. Los líderes saben que un esfuerzo constante y sostenido es necesario para lograr la misión.

El líder se mantiene a la raya.

Al líder realmente le importa la gente.

"A la gente no le importa cuánto usted sabe hasta que sepa cuánto le importa."

— Howard Hendricks

INTERÉS SINCERO

Los líderes se interesan sinceramente en sus seguidores. Para un buen líder, el refuerzo del equipo es primordial en su agenda. Próximo al compromiso espiritual, el compromiso a los demás es una cualidad básica del liderazgo. La sabiduría y las destrezas son necesarias, pero si el líder no muestra sincero interés por los demás, su impacto será insignificante. A los líderes les importa lo que concierne a su prójimo.

Al líder le importa el bienestar personal de sus colegas y se relaciona personalmente con ellos. No sólo sabe sus nombres, sino que conoce sus gustos y disgustos. Está al tanto de sus pasatiempos. Sabe de dónde vienen y a dónde van; conoce sus antecedentes; y sabe todo lo posible acerca de sus futuros planes.

El líder es consciente de que cada uno de sus colegas tiene una familia extensa y que esa familia tiene rendimientos o problemas que afectarán directamente la actitud del colega. Al expresar interés por la familia extensa, el líder manifiesta un interés sincero que lo conecta al miembro del equipo.

Al líder le gusta la gente.

El líder reconoce sus debilidades.

"Un hombre honesto es la obra más noble de Dios."

— Alexander Pope

TRANSPARENCIA

Los buenos líderes no tienen miedo de admitir debilidades. En realidad, se examinan sinceramente para identificar aspectos de necesidad. Al ser transparentes respecto de sí mismos, pueden concentrarse en convertir sus debilidades en fortalezas.

Un buen líder no tiene que tener la razón todo el tiempo. No son fanáticos controladores. Son lo suficientemente humildes en que reconocen sus logros y admiten cuando han sido parte del problema más que de la solución.

Un buen líder está dispuesto a reconocer las cosas que no sabe. En nuestra sociedad de constante desarrollo, los preceptos y los métodos cambian a diario. El líder trata de nadar en las corrientes de esa tecnología tan cambiante.

Además, un líder efectivo reconoce las cosas que no puede hacer. No teme la incompetencia; pero lucha contra ella. Está constantemente desarrollando sus destrezas y creando nuevas soluciones de viejos problemas.

Un buen líder no se avergüenza de pedir ayuda. Al hacerlo, no sólo abre la puerta a la mejora personal, sino que también gana fortaleza.

El líder vive en la zona de construcción.

El líder es siervo.

"Estate avergonzado de morir hasta que hayas hecho algo por la humanidad."

— General Douglas Mac Arthur

SERVICIO

Mucha gente ve el líder como la persona en la cima; el que tiene ventajas, gana privilegios, y recibe halagos. Eso es un mito. La verdad es que los líderes están en la base de la pirámide. Es el líder que lleva la responsabilidad del grupo, no viceversa. Es el líder que tiene que armar la cadena de la productividad usando los enlaces humanos de sus colegas y miembros de equipo. La presión del servicio está sobre el líder.

Es el líder que tiene que tomar rápidamente y cuidadosamente las decisiones más difíciles de quién se va y quién se queda, o las dolorosas decisiones que impiden el buen flujo del dinero. Es el líder que tiene que asegurar que sean satisfechas las necesidades del grupo y él es responsable por el ambiente de trabajo o ministerio. De él depende si será alegre u horrible. El líder tiene que ir "una segunda milla" para que la organización vaya más lejos.

El líder es siervo de todos, no el mayor de todos.

El líder dedica tiempo a su familia.

"Es sabio el padre que conoce a su hijo. Pero, quizás sea un hijo muy sabio el que dedica tiempo a conocer a su padre."

— Anónimo

LA FAMILIA

Los buenos líderes no construyen un imperio a expensas de sus hijos. Ellos reconocen que su responsabilidad para con la familia es más importante que sus compromisos con la vocación, o aun su deseo de triunfar. El líder comprende que la felicidad de su hogar influye directamente en la felicidad de su trabajo. De modo que dedican tiempo y esfuerzo a contribuir a esa felicidad.

El líder dedica tiempo a conversar con su esposa. No deja sus oídos en la oficina. Le cuenta sus sueños, le informa acerca de los planes de la organización, y busca el consejo de ella. Trata a su esposa mejor que a su colega de mayor confianza.

El líder está disponible para sus hijos. Sabe cuándo dejar la oficina e ir al parque deportivo. Sabe cuándo debe oprimir el botón de pausa en sus planes y su productividad. El líder da más que una atención ligera a los cumpleaños y las libretas de notas. No manda a un representante a la velada de la escuela.

Un excelente líder se asegura que, de todas las personas que compiten por su atención, sea su familia la que tenga prioridad.

Ante todo, el líder resguarda su hogar.

El líder permanece al corriente.

"Como regla general, el que tenga la mayor información tendrá el mayor éxito en la vida."

— Disraeli

CONOCIMIENTO

Cierto agricultor pegó este letrero en la valla del pastizal: "Los intrusos están bienvenidos. Asegúrate de cruzar el campo en 9,9 segundos. ¡El toro puede hacerlo en diez!" En esta era de rápido movimiento de la información, es fácil que uno se quede atrás. Manteniéndose informados los líderes tratan de permanecer adelante de los toros con carga.

Un líder lee constantemente. Aprende a elegir lo más sustancioso de los artículos o temas noticiosos y sabe dejar las sobras. Sabe lo que hay en las noticias, y se mantiene al día con los diarios de comercio. Hay siempre un libro en su mesa de noche.

El líder aprende mientras está en la movida. De cualquier manera consigue cintas grabadas de especialistas en su campo y las toca cuando está de camino, sea en auto o trotando.

Asiste a seminarios y talleres y aprovecha cada oportunidad para aprender del mejor en su campo. Hace anotaciones, archiva sus notas, y luego las utiliza.

El líder tiene sed por comprensión y entendimiento. Pero comprende que el conocimiento no es una laguna; es un río.

El líder se lanza a la corriente.

El líder es organizado.

"O tú dominas al día o el día te domina."

—J. C. McPheeters

ORGANIZACIÓN

El obrero es responsable por una cos; el líder es responsable por muchas cosas. Es diestro en administrar miles de detalles. Los líderes más exitosos son aquellos que son los más organizados.

Los planificadores del día, los cuadros de actividades, y los Palm Pilots no son artilugios que se han inventado para vender más. Son las herramientas del líder exitoso. Son tan vitales a él como el martillo al carpintero, las pinzas a los electricistas, o el diapasón al afinador de pianos. Un buen líder los usa para rastrear proyectos, administrar tareas, y mantener sus citas.

Un buen líder no tendrá una respuesta a cada pregunta. Pero la verdad es que sabrá dónde encontrarla. Los descubrimientos que antes se hacían buscando en costosas enciclopedias ahora están a cuestión de un clic en el ratón. La biblioteca virtual de Internet nunca está cerrada.

La organización no sólo es necesaria solo para realizar múltiples tareas, es una cualidad definitiva del liderazgo exitoso. Los modernos gerentes o administradores tienen que ser diestros en conocer dónde están las cosas, saber guardarlas en orden, y ser capaz de sacarlas al momento que las necesiten.

El líder es una persona que mantiene las cosas en su sitio.

El líder es experto en dirigir reuniones.

"Todo es creado dos veces: primero mentalmente, luego físicamente."

— Greg Anderson

CONTROL

Así como un equipo deportivo necesita reunirse en grupo para hablar acerca de sus juegos y tareas, las organizaciones necesitan reuniones para delinear estrategias y discutir responsabilidades. Dependiendo de su liderazgo, el equipo disfruta de esas reuniones o las soporta.

A nadie le gusta una reunión sin sentido. Así que un buen líder tiene que buscar el fino equilibrio entre la libertad y la autoridad para hacer que le resulten las reuniones del equipo.

No obstante, hay algunas características comunes para una buena reunión de equipo. Una buena reunión tiene una agenda clara. El líder efectivo determina las prioridades para la reunión y las anuncia en un orden bien determinado.

Una buena reunión de equipo comienza y termina a tiempo. El buen líder hace lo posible por empezar la reunión a la hora fijada, y con mucho tino va finalizando la discusión cuando se acerca la hora anunciada par la conclusión de la reunión.

Una buena reunión de equipo tiene una discusión centrada. Un mal líder reprime la discusión. Un líder aun peor permite que el diálogo se convierta en parloteo. El mejor líder tiene un propósito fijo para cada reunión y ayuda al equipo a llegar allí a tiempo.

El líder es un conductor.

El líder pesca a la gente haciendo algo bueno.

"Practique actos de bondad al azar y bellas expresiones de gentileza."

— Adair Lara

REFUERZO

Los buenos líderes saben que se pescan más moscas con miel que con vinagre. La gente responde mejor al refuerzo positivo. De modo que los líderes siempre tratan de notar lo bueno en las actitudes y acciones de sus colegas. Y no sólo lo notan, lo mencionan. El estímulo es una las cualidades clave de un liderazgo efectivo. Los buenos líderes estimulan a su gente.

El líder establece objetivos claros para cada miembro del equipo y ofrece mucha ayuda a lo largo del camino. Siempre tiene una palabra de ánimo para los esfuerzos dedicados de su equipo. No ignora el trabajo que muestra dedicación.

Cuando la actuación del trabajador mejora, el líder lo señala. Cuando un miembro del equipo cumple un objetivo, inmediatamente lo felicita. No supone que todos están al tanto de las mejoras del equipo. Siempre mencionan los adelantos del equipo. Informan específicamente a cada trabajador lo que está haciendo. "¡Estás haciendo un gran trabajo!" tiene mayor significado cuando se dan detalles, como: "¡Estás haciendo un gran trabajo al liderar ese pequeño grupo de discusión!" Los detalles específicos son como el baño en una torta de celebración.

El líder es un buen observador.

El líder trabaja inteligentemente.

"Dios nos da los ingredientes para nuestro pan diario, pero espera que nosotros realicemos el horneado."

— William Arthur Ward

DISCERNIMIENTO

Poner doble esfuerzo casi nunca es la solución de un problema. Generalmente no lleva a ningún lado más rápidamente. El líder busca formas de mejorar el proceso, más que simplemente aumentar el esfuerzo. Comprende el impacto negativo de la fatiga en el cuerpo, la mente, y el espíritu. De modo que discierne maneras de vencer los obstáculos para trabajar más inteligentemente, no más duro. Hace las dos más importantes preguntas en cualquier empresa: "¿Por qué?" y "¿Qué pasaría si…?"

"¿Por qué el resultado es bajo, aunque hemos aumentado la mano de obra?" El líder busca causas subyacentes, para llegar a la raíz del problema de producción. "¿Cuáles son las trabas?" "¿Qué está impidiendo el progreso?"

"¿Por qué necesitamos este paso en nuestro proceso?" El líder busca aspectos que tienen elementos en común. Descarta los métodos que se basan meramente en la tradición. Busca los atajos que no perjudiquen a la organización.

El líder también hace las importantes preguntas: "¿Qué pasaría si…?" "¿Qué pasaría si damos esa responsabilidad a otra persona?" "¿Qué pasaría si eliminamos este paso?" Tiene un ojo discerniente para lo que mejor convenga.

El líder es pensador.

El líder da poder y autoridad al equipo.

"El mejor ejecutivo es aquel que
tiene el sentido de seleccionar hombres
que hagan lo que él quiere, y que
sabe restringirse lo suficiente para
no interferir mientras lo hacen."

— Teddy Roosevelt

AUTORIZACIÓN

El mayor impedimento para un liderazgo efectivo es el deseo de controlar a los demás. El control rígido engendra una moral baja e inefectiva actuación entre los miembros del equipo. La administración controladora aplasta la creatividad y la habilidad natural que los compañeros de trabajo traen al proyecto.

Los buenos líderes saben que se logra más autorizando al personal que dando órdenes. Al duplicar sus conocimientos y destrezas en la vida de un obrero, el líder consigue el doble. Pero el conocimiento sin oportunidad es inútil. El obrero tiene que tener mano libre para experimentar con su nuevo conocimiento.

El líder busca soltar el equipo, no encarcelarlo. Ve la forma en que los miembros de equipo puedan "volar con sus propias alas". Crea oportunidades para que éstos asuman sus roles de liderazgo. Divide la carga de trabajo, forma nuevos equipos, y asigna tareas. El líder está constantemente autorizando a sus colegas para que cumplan la misión de la organización.

La motivación, el estímulo, la inspiración, el apoyo… estas son las armas de los más grandes generales. Ellos no manejan rígidamente a sus tropas, En vez de eso, los motivan a cumplir la misión.

El líder da poder a su gente.

El líder entiende el compromiso de "arremangarse"

"Al formar un equipo, siempre busco primero a personas que les encanta ganar. Si no encuentro ese tipo, busco a gente que ni por nada quiere perder."

— H. Ross Perot

ARDUO TRABAJO

Los líderes no pueden pasar la pelota. Depende de ellos que el trabajo se haga, y lo saben. Pero conseguir que el trabajo se haga a menudo incluye sacrificio personal. El líder entiende que el sacrificio empieza desde arriba. Cuando el personal tiene que trabajar hasta tarde, el líder también se queda a trabajar. Cuando se sienten inundados por un proyecto, el líder les da una mano.

El líder comprende que para cumplir los objetivos tiene que avanzar más allá de papeles y planeamiento. Tiene que reunirse con su equipo para discutir la estrategia. Pero el progreso se produce sólo cuando el equipo se pone a trabajar. Él comprende que el progreso depende de la cooperación: la cooperación entre el líder y el equipo, y la cooperación entre los miembros del equipo.

El espíritu cooperativo nace en las trincheras, donde los líderes muestran que no temen contribuir con su propia sangre, sudor y lágrimas al esfuerzo.

Al trabajar hombro a hombro con el equipo, el líder muestra su dedicación al objetivo. Sube la moral y mejora la productividad. Se alcanzan las metas. Todo esto sucede cuando los líderes "se arremangan" y se quedan hasta que el trabajo se culmine.

Un líder no sólo dirige al equipo; es parte del mismo.

El líder premia la excelencia.

"La excelencia es hacer cosas ordinarias extraordinariamente bien."

— John W. Gardner

INCENTIVO

Un buen líder sabe lo que le toca hacer para triunfar. Entiende que la actuación del equipo es lo que asegura su propio buen éxito. Así que busca la excelencia y la premia. El líder comprende que los incentivos no sólo ayudan a levantar la moral, también incrementan la producción.

El líder ofrece los incentivos a nivel emocional. Un buen líder trata a cada miembro del equipo como un voluntario. Sabe que los que se desempeñan con excelencia podrían escoger cualquier otro centro de trabajo, por tanto le da a esas "estrellas" una razón de quedarse donde están. Se asegura que se sientan apreciados. Los felicita por la buena actuación. Es amigable y les ofrece su apoyo. Los llama por su nombre y lo trata como amigos personales.

También ofrece incentivos de manera tangible. Ofrece bonos cuando sea posible y da trofeos o placas por los buenos logros. Celebra los hitos del servicio con una comida. Premia el fiel servicio con una nota de prensa. Premian el servicio fiel con una inscripción en los periódicos. Asigna sitios reservados para parqueo. El líder siempre está en búsqueda de miembros del equipo que hacen más de lo que exige su descripción de trabajo.

El líder es observador de "estrellas".

El líder alza vuelo como el águila.

"El modo más efectivo de lograr buenas relaciones es buscar lo mejor en cada persona, y luego ayudarla que aquello tenga su expresión más completa."

— Allen J. Boone

HAZAÑAS

Un líder, por definición, está al frente de los demás. El líder es la persona que sobresale entre la muchedumbre, que señala el camino hacia valiosos logros. Es él que tiene grandes sueños y que los lleva a cumplimiento. El líder apunta a la cima de la montaña y lleva a los demás allá.

Los líderes son triunfadores que levantan vuelo a nuevas alturas; son los que logran grandes hazañas. No temen abrirse camino por donde nadie ha avanzado. Están dispuestos a abandonar el nido, a seguir la corriente no importando donde pueda llevarlos, a arriesgarlo todo por un gran propósito. El viendo en su cara no los obstaculiza; más bien los impulsa a subir aun más alto.

El líder tiene la fe de ver el mundo como algo diferente de los que es, y la fortaleza de convertirlo en aquello que ve. Los líderes nunca se contentan con la mediocridad. A través de ojos de fe, ven el mundo libre de los problemas que creen que pueden resolverlos, y su visión es contagiosa.

El líder no se atemoriza a dar el salto.

El líder sabe cumplir su misión.

"El crecimiento y desarrollo de la gente es el más alto llamado del liderazgo."

— Harvey S. Firestone

DETERMINACIÓN

Para un buen líder no es difícil organizar las tareas del día. "¿Qué importa más? —se pregunta—. ¿Qué contribuirá a la misión?" Todo lo demás es secundario. Un buen líder tiene determinación en perseguir un objetivo. No se deja distraer por las actividades que no contribuyen a la misión. Los líderes inefectivos se guían por menores intereses. Se enredan en lo rutinario a expensas de lo más importante. Por consiguiente, al perseguir detalles de menos importancia, expresan inseguridad a sus miembros de equipo.

Un buen líder sabe qué cuenta, y lo hace. Enfoca su energía en las cosas que importan, las que son lo central a la misión de su organización. Su calendario diario refleja su entrega al principal propósito. Delega las tareas menores o las deja de lado.

En un sentido, el líder se ha comprometido a cumplir una misión. Sus logros y objetivos lo reflejan; sus compañeros lo identifican con esa misión; y nada lo apartará del caso.

El líder tiene una mente decidida.

El líder identifica los valores básicos.

"No busque convertirte en una persona exitosa sino una persona de valor."

— Albert Einstein

PRINCIPIOS

Hay razón de que algunas organizaciones se caractericen por su honestidad e integridad mientras otras no. En ambos casos, es porque el líder ha establecido el tono e identificado los valores básicos para el equipo.

"La honestidad importa más que el éxito." "Cumplimos nuestra palabra." "Creemos en el servicio a los demás." Esos son principios de una buena organización; principios que han sido modelados por el líder. Los líderes no pueden esperar que su organización ejemplifique principios que ellos mismos no pueden adoptar. Tampoco deben de esperarlo de sus colegas.

"Ganar es lo único que importa." "Haz lo que sea para alcanzar el objetivo." Esos son principios de una organización pobre, y probablemente reflejan los valores de su líder. Las malas cualidades se introducen en la organización a través de su liderazgo.

Cada organización tiene valores básicos. Algunos son negativos e improductivos. Otros son positivos y productivos. El líder decide cuáles serán los valores. El líder crea la cultura y la ética de la organización, y por tanto, para todo el equipo.

Al líder le importa el carácter.

El líder busca la guía de Dios.

"Un líder no deja que la adversidad lo desanime; más bien, se postra de rodillas."

— Jim Williams

LA ORACIÓN

Todos dependen del líder para las respuestas. "¿Adónde nos dirigimos próximamente?" "¿Cuál es nuestra meta?" "¿Debemos avanzar o esperar?" El líder tiene que tomar las decisiones. A veces tiene que escoger entre dos buenas opciones o decidir lo que menos perjudique. El líder efectivo ha aprendido este secreto en el liderazgo: él no está solo. Cuando se ve obligado a tomar decisiones difíciles, busca el consejo de Aquél que es mayor que él mismo. Buscan la guía de Dios.

Competencia, destreza, e inteligencia… todos estos son importantes atributos para el liderazgo. Pero hay uno mayor: la fe. Un verdadero líder cree en Alguien que él mismo, y expresa esa fe en tiempos normales de reflexión y devoción.

Su tiempo de oración significa una relación espiritual con el Todopoderoso, que lo hace sentir aceptado y amado, aun cuando sus colegas o compañeros lo hayan abandonado.

Para el líder, la oración no es una forma de escape; es la vía que lleva a la victoria. La fortaleza que se derivada de la comunicación con Dios lo sostiene en tiempos de adversidad.

El líder tiene un sistema de apoyo espiritual.